Inhaltsverzeichnis

1. Gefühle

Wut	7
Schwermut	8
Melancholie	9
Trauer	10
Liebe	11
Lebe	12
Das Spiel mit dem Feuer	13
Angst	14
Der Wind der Zeit	15
Wandlung	16
Haß	17

2. Impressionen

Abgekoppelt	20
Abschied	21
Mein Wunschtraum	22
Lockung	23
Im wahrsten Sinn des Wortes verrückt	25
Der schlafende Drache	27
Die Vision	28
Ganzheit	30
Der Ring	31
Nachtflug	32
Nordsee	34
Komm, dunkle Nacht	35
Der Garten	36

3. Zwischenmenschliche Begegnungen

An euren Gräbern werde ich nicht weinen	40
An Franz Schubert	41
Der Traum	42
Frauen	44
Geliebter (1.)	45
Geliebter (2.)	46
Marlene	47
Verbunden	48
Vorüber	50
Ingeborg	51
Scherben	53
So verlier ich dich	54
Freundschaften	55
Unverbrüchliche Freundschaft	56
Katrin	57
Ich tat einen Blick	58
Ich sing ein Lied	59
Edeltraud	60
Junge Liebe	61
Kleine Indianerin	62
Das Klagelied der Rebekka	64
Evas Gedanken	65

4. Israel

Israel und Palästina	67
Jerusalem	68
Qumran	69
Der See Genezareth	70
Der Garten Getsemani	71

5. Im Orient

Die Moschee   73
Flüchtige Begegnung   74
Im Orient   75

1. Gefühle

Wut

Sie schäumt, sie brodelt, kocht,
durchwühlt mein Gehirn,
besetzt meine Gedanken.
Ich möchte Wände einreißen,
bezwingen,
bestimmen.
Nichts anderes hat Raum.
Stampfen, treten, weglaufen
ist mein Verlangen.
Ich laufe, renne, durch Wiesen und Felder,
über Hecken und Zäune,
lass den Wind mein Herz, meinen Kopf, durchwehen,
bis der Rauch, die dunkle Wolke, entschwebt.

Schwermut

Bleischwer umgibt der Alltag mich,
erdrückt die Träume und mein Sein.
Ich denke mir, es geht nicht weiter,
und bange schnürt das Herz sich ein.

Ich möchte mit dem Wasser rauschen
und wehen weithin mit dem Wind;
verborgen in dem Kelch der Blüte,
verschlossen in dem Stein tief drin;
eins werden mit dem Zweig des Baumes
und mit der Wolke flieh´n dahin.

Alles fällt von mir herab,
und ich steige aus dem kühlen Grab.

Melancholie

Ich fühl mich wie ein Baum,
von dem die Blätter fallen -
und Nebelfetzen hängen
tief in meiner Seele.
Das letzte Lied des Vogels
klingt noch nach;
dann schwingt er sich empor
und fliegt nach Süden.
Ich bleib zurück
und schau ihm nach.
Und wieder sinken Blätter
sanft zur Erde.
Es wird still, so kahl.
Ich warte auf den Frühling.

Trauer

Dämmerung in meiner Seele,
Abenddämmerung.
Es wird Nacht.
Dunkelheit umgibt mich.
Enge schnürt mich ein.
Mein Herz schmerzt.
Die Erinnerung bedrängt mich.
Tränen steigen auf und fließen.
Wir diese Nacht vergehen?

Dämmerung in meiner Seele.
Morgendämmerung.
Die Sonne wird wieder aufgehen.

Liebe

Liebe, ziehe deine Kreise
wie ins Wasser geworfene Steine:
weiter - größer -
Kreis in Kreis.

Jeder Stein durchbricht die Fläche,
macht bewußt und bringt Bewegung,
schwingt und dringt hinüber.

Bückt Euch!
Hebt und werft die Steine!
Laßt sie Kreise bilden,
Wellen schlagen!
Laßt Euch tragen!

Lebe

Laß dich in dein Leben fallen.
Vertrau dem Augenblick.
Das Vergangene war,
es kehrt nicht mehr zurück.
Die Zukunft wirst Du nicht ergründen,
kennst nicht die Schätze, die noch sind zu finden,
kennst nicht den Schmerz, der auf dich wartet.
Durchleb das Jetzt und atme es in tiefen Zügen.
Laß es nicht durch Gewesenes noch Kommendes trüben.

Das Spiel mit dem Feuer

Plötzlich ist sie da
die lodernde Flamme
sie züngelt
sie lockt
umschließt glühend die Haut
flackert auf
flackert nieder
schlängelt hin
schlängelt her
strebt empor
sinkt nieder
um wieder neu zu entstehen
mit sprühenden Funken
malt Bilder und Träume
verlockt zu Phantasie
zieht brennend und unwiderstehlich
in ihren Bann

Gib acht
meide die Flamme
gib acht
suche das Weite
widerstehe
oder du verbrennst.

Angst

Ich habe Angst!
Vor was? Vor wem?
Ich weiß es nicht.
Nur tief in meinem Herzen spür ich es.
Ich zittre, doch ich weiß nicht, wovor.
Meine Kehle ist wie zugeschnürt.
Meine Augen irren wild umher.
Wüßt ich nur, was es ist.
Mutig wollt ich ihm entgegengehen.
Mit einem unsichtbaren Feind zu kämpfen
ist ein schreckliches Verfahren.
Ich spüre meine Schwäche.
Ich erschaure.
Wer reißt mich nur aus dieser Qual?
Wer nimmt sie mir, diese Angstzustände?
Kein Mensch vermag es,
nicht einmal ich selbst.
Ich sinke nieder auf die Erde -
und bete.

Der Wind der Zeit

Gut, daß es den Wind der Zeit gibt!
Warum?
Er trägt die Tränen der Zeit fort.
Du gehst am Strand der Zeit spazieren
und weinst beinahe.
Du erschrickst -
denn diese Tränen darf keiner sehen.
Doch gnädig weht der Wind der Zeit
und trocknet deine Tränen,
noch ehe sie fließen.
Du gehst mit dem Wind der Zeit
und langsam, ganz langsam
trägt der Wind deine Schmerzen fort.

Gut, daß es den Wind der Zeit gibt!
Warum?
Er trägt die Tränen der Zeit fort.

Wandlung

Ich dachte noch, ich sei ich selbst.
Doch da war ich gezwungen,
in einen klaren, schonungslos reinen Spiegel zu schaun.
Was ich dort erblickte, das war nicht ich selbst,
und trotzdem musst ich mich erkennen.
Doch wars nicht das gewohnte Bild,
ich hatte mich gewandelt und verändert.
Verzerrt sah mir mein eigen Aug entgegen.
Ich war soweit, ich wollt nicht für mich selbst einstehn.
Da wich die Starre von mir und ich weinte,
und mit den Tränen kehrt das alte Ich zu mir zurück.

Haß

Man sagt: Angst essen Seele auf.
Doch Haß tut dies auch.
Er frißt gemächlich Stück für Stück,
läßt langsam deine Seele in ein tiefes Loch verschwinden.
Du stehst und starrst hinunter in den Abgrund,
erschrickst über die Gedanken,
zu denen du auf einmal fähig bist.
Du bist gelähmt und kannst das Schöne nicht mehr sehen.
Dein Herz wird eine dunkle Einbahnstraße.

Und findest du die Umkehr nicht,
wird deine Seele nie das Licht mehr sehen
und bleibt gefangen in dem dunklen Raum.

Fühlst du den Haß sich nahen,
dann wappne deine Seele
und pflanze um sie einen blühenden Garten.

2. Impressionen

Abgekoppelt

Weit nun breitet sich das Land.
Wie Ewigkeiten dehnt es sich vor mir aus.
Ich fahr dahin in meinem eignen Haus.

Das alte bleibt ganz klein zurück,
und fest verwurzelt kommt es mir nun vor,
ganz fremd und kaum mehr da.

Ich fühl mich frei
und atme würzge Luft.
Ich strebe fort, mich zu entfalten,
mein Leben zu gestalten.

Das Enge hab ich abgetan,
Gebundenes gelöst,
gebrochen mit dem alten Haus.

Doch schau ich manchmal das Vergangene an,
und Wehmut greift nach meiner Seele.
So ist es doch gelebt.
Es gibt kein Halten mehr
und kein zurück.

Abschied

Ich fege meine Erinnerungen zusammen
wie das herbstliche Laub der Bäume.
So bunt wie die Blätter sind auch sie.
Sie schweben langsam zu Boden
und bleiben wie vergessen liegen.
Wie meine verlorenen Träume
vergehen auch sie.
Ich bücke mich und sammle sie.
Meine Hände streicheln meine vergangenen Gedanken.
Blatt für Blatt steigen die Bilder der Vergangenheit
in mir auf.
Lange Zeit, vorbei, vorüber.
Ich werde gehen.

Mein Wunschtraum

Gleichwertig nebeneinander -
Mann und Frau;
Frau und Mann -
gleichwertig nebeneinander.

Wir grenzen uns nicht ab,
sondern suchen uns und finden,
ergänzen, was der andere nicht hat.

Laßt uns alles neu betrachten
und die Eigenart des andern achten,
strebt den Gleichklang an der Seelen!
Lauscht auf das, was uns gegeben!

Begrabt den Haß,
laßt die Verachtung sein.
Begrabt den Wunsch, zu herrschen und zu siegen.
Laßt uns die Natur neu fühlen.

Laßt uns endlich Grenzen überwinden
und gemeinsam neue Ziele finden.
Laßt uns mit vereinten Kräften
retten, was zu retten ist.

Nur so kann das Geschick der Menschen sich verändern.
Nur so kann wahres Glück entstehen.

Lockung

Ständ im sommerlichen Garten
Plötzlich eine Fee vor mir,
halb verdeckt vom hohen Gras,
mit weichen Haaren und wie Nebel anzusehen,
und würd sie mir mit zarten Händen winken
und langsam hinter Busch und Baum verschwinden,
ich glaube, ich könnte nicht widerstehen:
Ich würde gehen.

Stieg aus dem See der Wassermann
mit bärtigem Gesicht,
mit Schilf und Algen in den Haaren,
umgeben von den kleinen Nixen,
die um ihn her mit Wasser spritzen,
und würd er auf den Grund mich locken,
es würde mich ziehn:
Ich würde mit ihm gehen.

Tät sich einst der Berg der Zwerge vor mir auf,
und hörte ich ihr Hämmern und ihr Schlagen,
und kämen alle zu mir rauf
und wollten mich zu ihrer Schmiede tragen:
Ich glaube, ich würde es wagen.

Würden dann im Mondenschein
Auf einer Waldeslichtung
die Elfen sich im Tanze aneinander reihn,
und würden sie in ihren Kreis mich locken,
ich glaube, ich könnte nicht widerstehen:
Ich würde gehen.

Hörte ich am Wiesenrain
die Sphärenklänge fremder Wesen,
und dräng das Klingen tief in mich hinein,
und lüd man mich zum Singen ein,
ich könnte nicht widerstehen:
Ich würde gehen.

Stünde ich vor dem Baum,
der in den Himmel reicht,
und zeigte man mir den Weg
zum Quell des Lebens,
wüßte ich den Pfad,
der in die Geisterwelt mich führt,
ich könnte nicht widerstehen:
Ich würde gehen.

Im wahrsten Sinne des Worts - verrückt -

Einmal aus der eigenen Haut hinaus -
einmal alles über Bord -
einmal nur an nichts mehr denken -
einmal einen Traum mir schenken.

Ich sehe auf dem Tisch mich tanzen
nach Zigeunerweisen - wild und schön;
weit schwingt der Rock mit langen Fransen,
und barfuß meine Füße stehn.

Ich seh mich auf der Bühne Bretter.
Hell erstrahlt das Rampenlicht.
Die Macht der Worte spür ich in mir -
Johanna von Orleans verkörper ich.

Ich fliege in der Zirkuskuppel
und fasse das Trapez mit Schwung.
Der Partner hält mit Kraft die Fesseln,
und Trommelwirbel dröhnt mir dumpf.

Ich spüre weich das tiefe Wasser
und tauch hinab zum Meeresgrund.
Gewichtslos schwebe ich durch Algen,
und Fische gleiten in dem Rund.

Ich sehe mich ein Boot besteigen
und segle um das Erdenrund;
der Wind, der knattert in den Wanten.
Der nächste Hafen schimmert bunt.

Ich sitze auf des Pferdes Rücken
und reite durch des Sommers Pracht.
Kein Sattel trennt der Körper beide,
der Rhythmus hat mich ganz gepackt.

Ich stehe an des Abgrunds Tiefe
und springe, schwinge mich hinab,
der Aufwind trägt mich, hebt mich wieder,
und langsam gleite ich hinab.

Einmal meine Fesseln lösen -
einmal über mich hinaus -
einmal keine Grenzen wähnen -
einmal verlassen Zeit und Raum.

Der schlafende Drache

Seit vielen Jahren schläft nun der Drache,
der tobte und wütete in diesem Land,
der alles verbrannte aus geblähten Nüstern.
Sein Schweif peitschte die Erde,
die Krallen durchbohrten das Fleisch.
Er wälzte sich grölend durch dieses Land.
Er übte Verrat, verhöhnte das Schöne,
zerquetschte das Zarte mit seinem Leib.
Nichts ließ er aus - in jeden Winkel drang sein Hauch.
Doch er schläft nur, der Drache;
er schläft nur, er ist nicht tot.
er begab sich zur Ruhe,
als wäre nichts geschehen.
Behäbig streckte er die Glieder aus,
verschloß mit den Lidern die Augen,
als wollte er nichts mehr sehen.
Doch er schläft nur, der Drache.
Kein Held konnte siegen,
kein Messer durchbohrte sein Herz.
Und zuckt er im Schlafe
und öffnet ein wenig die Lider,
so stehen wir zitternd und erstarrt vor Angst.
Und reckt er im Traume die Glieder,
erschauern wir bang.
Wie lang wird er schlafen?
Wir hoffen für immer
und schleichen auf Zehenspitzen um ihn herum.
Nur leise und ja nicht berühren.
Die Zeit wird vergehen,
die Zukunft es zeigen.
Sammelt Mut und Kraft,
falls der Kampf neu beginnt.

Die Vision

Die Sonne geht auf
Wie seit undenklichen Zeiten,
erhebt sich am Rande des Horizonts-
Wie lange ist es her,
seit die Menschen sich selbst zertraten?
Niemand ist da, zu berechnen, zu messen, zu zählen.
Der blaue Planet regeneriert.

Noch einmal geschieht,
was im Dämmern verborgen
nur geahnt, nur gefühlt werden konnte.
Die Schöpfung, der Ursprung
kann wieder beginnen.
Der blaue Planet regeneriert.

Die Strahlen der Sonne ertasten die Erde,
erwärmen die Kruste,
umfassen den Erdball,
berühren die Rückstände des Infernos,
erhellen das Dunkel der Nacht.
Der blaue Planet regeneriert.

Gespenstige Steine,
einst Häuser, Städte, Dörfer,
wie sinnlose Haufen verstreut auf dem Land.
Bizarre Formen, phantastische Bilder -
das ist´s, was blieb.
Der blaue Planet regeneriert.

Nach silbernen Bändern,
die einst Straßen,
greift zaghaft das Grün,
das sich langsam besinnt
und beginnt, das Nackte zu bedecken.
Der blaue Planet regeneriert.

Die Wasser der Tiefe,
am Steine sich säubernd,
brechen hervor, um wieder zu kühlen,
zu löschen, zu stärken
die erschlaffte Natur.
Der blaue Planet regeneriert.

In der Vielfalt der Meere
Beginnt sich zu regen,
erwacht aus der Starre,
erinnert im Traum,
langsam erneuert das Leben.
Der blaue Planet regeneriert.

Der Wind weht im Lande
und sucht nach Samen.
Er will sie nehmen und überall graben,
damit wieder wird, was damals entstand:
die Vielfalt der Pflanzen.
Der blaue Planet regeneriert.

Ob jemals der Mensch
wieder wird siegen,
wird messen und wiegen
denken und fühlen,
forschen und wühlen?
Der blaue Planet regeneriert.

Ganzheit

Steige hinab in die Niederungen deiner Seele,
erklimm ihre lichten Höhen.
Begreife beide Seiten in dir,
laß sie zu.
Verwerfe nicht das Eine.
Beschönige nicht das Andere.
Vertraue auf deine Stärke.
Laß beides in dir reifen.
Bestelle fleißig den Garten deiner Seele.
Am Tag der Ernte wirst du die Früchte einbringen
und dich mit einem Blütenkranz schmücken.
Freudig kannst du das Fest der Ganzheit begehen

Der Ring

Du fielst in meine Hand,
als ich mich grad in Avalon befand,
noch ganz gefangen in den Zeiten
durch Nebelschwaden hinzugleiten.

Silbern glänzt die Sichel,
schwebt über blauer Nacht;
und glänzend funkeln Sterne
dem Grund des Mondes nahgebracht.

Auf dunklem Blau der Ewigkeit,
eng an der Sichel Grenze,
wie Sonnenflecken schimmert's hell,
vertieft das All, durchschwebt den Raum.

Bist Du das Zeichen unserer Göttin,
die Frau und Mann glückvoll vereint,
die sanft umschließt des Erdreichs Tiefe,
gleichwohl sie auch im Himmel weilt?

Die uns umgibt als Wind und Sturm,
die sich ergießt als Quell und Flut,
die sich umkränzt im schönsten Blühn,
die dennoch sich vor uns verschließt?

Die lächelt über unsere Sorgen,
unsere Sehnsucht, unseren Traum,
und die uns sagt: vergeßt das Morgen -
denn was ich bin, ertragt ihr kaum?

Nachtflug

Wie von unsichtbarer Hand geleitet
In die dunkle Nacht hinaus,
immer höher, immer höher
zu den Sternen geht´s hinauf.

Wie in längst versunkenen Zeiten,
nur der Märchenwelt bewahrt,
auf dem wundersamen Teppich
geht es hin in schneller Fahrt.

Unser Auge schaut nur Weiten,
unsere Sinne nehmen wahr -
sind es Träume, sind´s Wahrheiten?
Mir ist so, wie mir niemals war.

Unter uns die Städte, Dörfer.
Wie Paläste schaun sie aus.
Und die Lichter setzen Grenzen.
Wir erkennen nur den Raum.

Wolkenfetzen, wie verwebte Schleier,
gleiten unter uns dahin.
Schneebedeckte wilde Gipfel
zeigen ihrer Schönheit Sinn.

Und wie schillernd Perlenschnüre
auf nachtschwarzem, weichen Samt
sehen wir dort drunten Dörfer
liegen zwischen Bergeswand.

Fischerboote, die zum Fischen
mit Laternen aufgesteckt,
schauen aus wie tanzende Nymphen,
die Gott Neptun grad geweckt.

Um uns her ein prächtig Funkeln.
Ist´s der Himmel, Land, das Meer?
Sind´s die Sterne, Lampen, Lichter?
Und ich fühl mich wie verzaubert -
doch mein Herz wird plötzlich schwer.

Nordsee

Hat einer von euch schon die Nordsee erlebt,
in den Dünen gelegen und wurde vom Winde umweht,
dem munteren Spiele der Wellen zugesehn
und sich gefragt, wie können solche Wasserberge auf
einmal entstehn,
verspielt wie ein Kind wieder Burgen aus alter Zeit entstehen
lassen,
und versucht, den schwebenden, gleitenden Flug der Möwe
zu erfassen,
den weißen Sand des Strandes in den Händen gefühlt
und wurde von schaumigen Kronen umspült?
War einer von euch schon von dem Spiel der Sonne mit
dem Meer entzückt
und vor Glück und Wonne der Wirklichkeit entrückt?
Je eine Nacht am Strande und in den Dünen verbracht
und gespürt, wie wenig gegen all dies der Menschen Macht?
War einer dabei und erlebt es wie ich -
der schaut auf zu Gott und dankt ewiglich.

Komm, dunkle Nacht

Komm, dunkle Nacht -
mit den weichgewebten Schleiern dein;
denn gerne hüll ich mich in ihnen ein.

Komm, dunkle Nacht -
der Schein einer späten Laterne
erhellt einen jungen Baum.
Er scheint mir wie ein Kindertraum.

Komm, dunkle Nacht -
einen weißen Hof hat heut dein Mond.
Weißt du, wo meine Sehnsucht wohnt?

Komm, dunkle Nacht -
mit deiner sanften Einsamkeit.
Ich trete hinaus -
meine Seele wird so weh und weit.

Komm, dunkle Nacht -
laß die Nachtigallen,
die den Tag verschliefen,
ihr Lied anstimmen.
Mir ist, als ob sie meine Träume riefen.

Der Garten

Das Gras steht hoch,
die Bäume blühen,
die Pappeln wachsen schlank am Zaun.
Die Vögel, die uns heut noch bleiben,
beginnen ihre Nester aufzubaun.

Der schmale Weg führt durch die Tannen,
die mit den Jahren schon leicht braun.
Und Fliederbüsche, jung wie Kinder,
sind durch die Stämme anzuschaun.

Der Blumengarten hinterm Hause,
verwildert, blüht mit aller Macht
und wehrt der Hacke und dem Spaten
entscheiden doch den Zugang sacht.

Ein kleiner Teich, kaum zu erkennen,
verschwindet in dem grünen Meer.
Und Bäume, wild gesät, erzwingen
den Durchbruch durch das Blütenmeer.

Im Gras verstreut, versteckt im Halme,
die Reste eines Kindertraums.
Hier wurd versucht mit kleinen Händen
sich eine Bude aufzubaun.

Der neue Traum entsteht im Baume.
Die Bretter wurden neuer Raum
und warten auf die Kinder beide,
die aus dem Wolkenhaus dann schaun.

Das erste Grün der Rosenstauden
Entfaltet seine Blätter sacht
Und drängt hinauf, damit entstehen
die schönsten Blüten - über Nacht.

Das Efeu kämpft sich hoch am Hause.
Die Blumenkästen stehn noch leer.
Und Blumenblätter, voller Freude,
sie tanzen mit dem Wind daher.

Träume nur, du schöner Garten,
der Frühling - Sommer ist erwacht
und bringt im Nu
nach langem Warten
die üppig schöne Farbenpracht.

3. Zwischenmenschliche Begegnungen

An Euren Gräbern werde ich nicht weinen

An Euren Gräbern werde ich nicht weinen;
meine Tränen sind schon längst versiegt.
Sie flossen einst in schweren Zeiten,
in denen ihr mein Herz betrübt.
Verzweifelt sucht ich euch zu erreichen,
doch war vergeblich all mein Müh´n.
Ich wollte den Graben überschreiten,
doch fand mein Fuß das Gegenüber nicht.
Die Kluft, sie wird nur tief und tiefer.
Doch ihr verharrt wie Stein und rührt euch nicht.
Die Hoffnung hab ich nun aufgegeben.
Ihr müßt verblühn
und habt die Bindung zu den Kindern nicht.
Erhaben thront ihr auf dem Sockel,
von dem wir uns schon längst entfernt.
Ihr seid gewiß: Wir sind im Recht.
Die Kinder sind verdorben. Schlechte Zeiten.
Doch einen Ausweg sucht ihr nicht.

An Franz Schubert

Mit deinen heißen Tränen,
die ich heut noch spür,
mit deinen heißen Tränen
fielen die Noten aufs Papier.

Mit deinen heißen Tränen
aus versunk´ner Zeit
wird für mich lebendig
deiner Seele Geist.

Aus deinen heißen Tränen
der Vergangenheit
ist ein Meer geworden,
das die Zeit vereint.

An diesem Meer der Tränen
da stehn wir beide nun
am gegenseit´gen Ufer,
als müßten wir es tun.

Der Traum

Ganz versunken in dein Spiel
Seh ich dich am Boden knien.
Du siehst mich nicht,
du fühlst mich nicht,
alles scheint versunken und entrückt für dich.
Die Legowelt in deiner Hand
hat dich auf einen anderen Stern verbannt.
Die Raumgleiter, bestückt mit Raketen,
entführen dich auf andere Planeten.
Du träumst im Spiel -
und spielst im Traum,
und so durchbrichst du jeden Raum.
Die Nacht bricht an,
und nun durchlebe ich den Wahn.
Ich suche dich und kann dich nirgends finden,
und seh mich mit dem Raumschiff dann entschwinden.
Ich lande auf den anderen Planeten
und rufe dich und spür ein innerliches Beben.
Die Angst erfaßt mich,
mich erdrückt die Weite.
Till, mein Sohn, wo bist du nun?
Im fahlen Licht,
im Staube des Planeten,
seh ich die Abschußrampe stehen.
Ich hör das Donnern und das Dröhnen
und fühl erneut das Beben.
Till, mein Sohn, ich komme schon.
Das Raumschiff gleitet mit mir fort.
Ich bin nicht mehr an diesem Ort.
Ich muß es unbedingt ergründen.
Mein Sohn, ich muß Dich finden.
Doch seh ich nur die Erde weit entschwinden.

Da wach ich auf.
Noch ganz im Traum befangen
erheb ich mich, um an dein Bett zu gelangen.
Da liegst du nun im blassen Schein des Lichts,
die blonden Haare leicht zerzaust,
und lächelst.
Hast Du einen schönen Traum?
Die fremden Welten sind für dich ganz sicher
nicht so fürchterlich wie für mich.

Frauen

Ich fühl mich eins
mit Frauen dieser Erde;
mit Frauen, die einst waren;
mit Frauen, die heut sind;
mit Frauen, die noch kommen werden.
Ich bin mit ihnen auf der ewigen Wanderschaft.
Wir nehmen das Erfahrene auf,
wir halten fest und bauens aus
und geben es dann weiter.
Wir weben an dem großen Tuch,
und jede gibt dazu die Fäden.
Wir weben hoffend immerzu,
daß stark es wird und hält und trägt.
An diesen Fäden halten wir uns fest,
und Hände strecken sich entgegen.
ergreifen sich, um wieder sich zu lösen.
Ich rufe leis nach jeder Frau;
Komm mit und halte uns nicht auf!
Komm mit und gib auch deine Fäden!
Verwebe sie, schau nicht nur zu!
Tritt näher, schau uns alle an
und finde dich in uns dann wieder!

Geliebter

Aus dem Dunkel der Nächte
laß ich dein Antlitz vor mir entstehn,
und ich spüre der Liebe Mächte,
die von ihm entstehn und ausgehn.

Zug um Zug wird es deutlicher und klar
und es ist, als wärest du mir nah.
Die Träume kommen und hüllen mich ein,
und ich spüre bei mir dein ganzes Sein.

Ich sehe das leichte Lächeln um deinen Mund,
das ich, weil es so zärtlich ist, liebe.
Meine Augen schaun in deine -
bis auf den Grund.
Das es doch immer so bliebe.

Die Stunden kommen,
um wieder zu verrinnen.
Ich möchte mich an immer mehr entsinnen
und sehe, wie du dich zu mir hernieder neigst
und mir deine Lippen zum Kusse reichst.

In das Dunkel der Nächte
sinkt dein Antlitz wieder zurück.
Ich spüre der Liebe Mächte,
und mich ergreift ein tiefes Glück.

Geliebter

Ich geh mit dir hinein,
in die Bilder von Chagall.
Wir werden eins mit Formen und Farben
und leben unsere Träume.
Wir fiedeln vom Dach,
hüten gemeinsam bunte Ziegen
und sitzen engumschlungen
unter einem großen Baum.
Wir tauchen in ein Meer von Gelb,
und Feuer brennt in unseren Seelen.
Wir schwimmen durch schattiertes Blau
und treffen auf seltsame Wesen.
Alles schwebt hier zwischen
Zeit und Raum
und ist doch fest in uns verankert.
Wir fühlen Freude
und auch Leid
mit Menschen,
die wir schon lange kannten.
Wir sind versponnen,
sitzen hoch auf leichten Wolken,
doch unter uns steht fest ein Haus.

Marlene

Ich kannte dich,
bevor ich dich gesehen;
denn mein Geliebter
erzählte viel von dir
in langen Abendstunden.
Dann stand ich vor dir
und sah in dein Gesicht.
Ich muß gestehen, er hatte recht,
und ich empfand wie er.
Ich möchte nicht mehr viele Worte machen;
denn Worte haben oft schon viel zerbrochen.
Doch eines vielleicht nur:
Ich mag dich sehr
und hab dich in mein Herz geschlossen.

Verbunden

Ich stürm ins Zimmer,
will dir was erzählen,
da stoppt mein Schritt.
Schlafend liegst du in deinem Sessel
- er kommt mir vor wie ein Zuhause -,
die Beine angezogen wie ein Kind.
Ich bleibe stehn, komm ein paar Schritte näher
und betrachte das vertraut Gesicht,
das mir bekannt, seitdem ich bin.
Die Wände treten still zur Seite,
der Raum verändert sich und wird zur Weite,
und Bilder mir vor Augen stehn.
Ich werde wieder dieses kleine Mädchen,
das an dir hing, wo es auch ging.
So sehr dein und doch allein.
Ich fühle noch mal diese schönen Kindertage
und spür die Arme fest um meinen kleinen Körper.
Wie gerne schmiegt ich mich an dich.
Bei dir war ich geborgen und geliebt.
Bei dir zuhause meine Ängste, meine Sorgen.
Du nahmst mich, wie ich war und blieb.
Doch seh ich auch die Stunden voller Trauer
und Kummer wieder auf dem Gesicht;
und spür den Schmerz, den ich empfand,
und meine Unruh, daß doch dies verschwand.
Ich seh uns laufen durch die weiten Straßen
und hör uns reden über dies und das,
was ich gemocht, was ich gehaßt.

Ich wuchs heran,
wir beide wurden älter,
die Jahre waren wie ein langer Traum;
und aus dem Mädchen wurde eine Frau.
Ich steh noch immer still an deiner Seite.
Meine Augen streicheln dein Gesicht, dich ganz.
Die Wände treten wieder dicht heran.

Ich möchte dich nehmen, weit hinfort dich tragen,
dich tragen hin in meine Märchenwelt.
Alles verschwimmt!
Gegenwart?
Vergangenheit?
Ein Stück von dir in mir.
Ein Stück von mir in dir.

Da schlägst du deine Augen auf.
Was ist, mein Kind?
Doch ich vergaß,
was ich erzählen wollte.

Vorüber

Alles scheint mit `mal verklungen -
Erinnerung hängt schwer im Raum.
Die Nähe, die uns einst verbunden,
ist nun fern - wir merkten´s kaum.

Kinderträume, Kinderfreuden,
sie schliefen ein, gingen zur Ruh.
Geheimnisse, verschwiegne Stunden,
wo seid ihr nun?

Ich schau dich an - scheu von der Seite.
Wie verändert dein Gesicht!
Hätt´ ich Zeit, so zu verweilen,
fände ich dein altes Ich?

Ingeborg

Ja, Ingeborg -
Nicht Inge, auch nicht Ingelein.
Die große Schwester Ingeborg,
das wird mir plötzlich klar,
so muß dein Name sein.
Er drückt das aus,
was ich schon alle Zeit empfand.

Die Klugheit, die ich nie mißgönnte -
im Gegenteil, bewundernd sah ich zu dir auf.
Die Klugheit, die mir immer fehlte
und die mir fern blieb, selbst im Traum.

Die großen braunen Augen -
zu ernst, solange ich denken kann.
Die schmalen, schönen Hände,
sie packten trotzdem stets mit an.

Du warst für mich so unerreichbar
und standst Etagen über mir.
Ich strebte nie zu sein vergleichbar,
so weit entfernt warst du von mir.

Auch heute noch liegt viel verborgen,
vergraben zwischen dir und mir.
Vielleicht tu ich dir weh,
doch weh tatst du auch mir.

Ob jemals wir den Spaten finden,
zu heben, was verborgen blieb?
Ob jemals wir den Schlüssel finden,
zu öffnen die verschlossenen Schreine?

Die Zeit geht hin,
die Welten werden immer größer,
sie liegen zwischen dir und mir.
Was bleibt, das ist der Traum von einer Brücke,
die uns verbindet jetzt und hier.

Scherben

Zwischen uns die Scherben
unserer zerbrechlichen Gefühle.
Sie liegen da wie eine Wand -
wie Niemandsland.
Die scharfen Kanten stehen da
wie Sätze - Wörter,
die einst fielen,
erinnern uns an Schmerzen,
die wir fühlen.
Versuch ich, sie hinwegzuräumen,
dringt jede Spitze tief in mich hinein.
Ich ziehe mich zurück.
Ich laß es sein.

So verlier ich dich

Wenn sich die Nacht hernieder senkt
und Schwermut in meine Träume sprengt,
wenn der Mond hoch am Himmel zieht
und mich mit seinem bleichen Licht
wie mit sanfter Trauer übergießt,
wenn die Melancholie mich erst in ihrer Macht:
so verlier ich dich abermals in dieser Nacht.

Wenn dann die Sonn den jungen Tag begrüßt,
und sie die Macht des Mondes an sich zieht,
die erste Lerch sich in die Lüfte hebt,
die Wehmut noch tiefer in meiner Seele schwebt,
wenn dann wieder der Abend naht:
so verlor ich dich wieder an diesem Tag.

So naht der Tag, so weicht die Nacht,
und abermals hat dann der Mond die Macht.
So oft sie kommen und gehen, sie wechseln, die zwei,
verlier ich dich, noch eh ich dich gewann;
doch es scheint,
als brächt ich mein Herz nicht aus deinem Bann.

Freundschaften

Freundschaften sind wie Blumen.
Manche erblühen mit aller Macht über Nacht,
um schnell wieder zu vergehen.
Manche verstecken sich im Gras;
kaum zu erkennen
sind sie doch da.
Manche wachsen immer wieder neu in deinem Garten.
Manche welken als Knospe dahin,
ohne sich voll zu entfalten.
Manche kleine Blüte gedeiht am Rande des Weges.
Doch nur selten sind sie immer grün.

Unverbrüchliche Freundschaft

Ich hörte von ihr in Balladen singen,
und Dichter priesen ihren Ruhm.
Ich träumte einen langen Traum von ihr.
Auch ich wollte sie einmal erringen
und sehnte mich so sehr nach ihr,
der unverbrüchlichen Freundschaft,
dem starken Band zwischen dir und mir.

Manchmal glaubte ich,
sie ist gefunden,
und Glück durchströmte mich wunderbar.
Ich stimmte ein in die Gesänge
und glaubte, sie bleibt immerdar.

Doch ist sie jedesmal zerronnen;
sie hielt dem Lauf der Jahre doch nicht stand.
Ich fand mich da, wo ich begonnen -
und Trauer blieb mir wieder mal.

Ob sie wohl jemals so gewesen,
wie sie besungen und gerühmt?
Oder ist sie ein Traumbild immer nur gewesen,
die tiefe Sehnsucht, die in Menschen wohnt?

Katrin

Du blondes Kind mit Sternenaugen,
dein Lachen silberhell und klar.
Ich sah dich in der Wiege liegen.
Nun, hochgewachsen, stehst du da.

Möge dich der Sturm der Zeiten
nicht beugen oder gar verweh´n.
Bleib stark, trotz aller Widrigkeiten!
Der größte Schmerz muß mal vergehn.

Die Sonne bringt das Eis zum Schmelzen,
das Wasser schwemmt das große Weh.
Der Wind streicht leicht die grünen Weiten
und junge Blüten sieht man stehn.

Nimm dein Herz in beide Hände
und halt es fest, es muß doch gehn.
Und ruh in dir - trotz aller Brände.
Das Kind in dir muß auferstehn.

Ich tat einen Blick

Ich lebte und ging meines Weges,
und ich kannte sie nicht.
Doch plötzlich aus dem Unbekannten, Unfaßbaren,
das uns umgibt,
an dem wir entlangtasten,
voll Hoffnung - gleichzeitig mit Mutlosigkeit,
trat sie hervor.
Ein Licht - vielleicht ein Schatten nur.

Wir kamen aufeinander zu, als müßte es so sein,
und sahen fest und tief in unsere Augen,
als wollten wir bis auf den Grund der Seele sehn.
Doch es gelang uns nicht.

Wir liebten uns
und spürten, wie nah und doch unendlich fern
sich Menschen sind.

Ein Stück des langen Weges waren wir nicht allein
und taten so, als müsse immer es so sein.
Doch dann trat sie in den Kreis des Unbekannten wieder ein.
Ein Licht - vielleicht ein Schatten nur.
Ich war allein.

Ich tat einen Blick in das Leben eines anderen
und bin reicher.
Zurück bleibt die Hoffnung - die Liebe;
und hinter ihr - kaum zu erkennen und dennoch wahr,
die Trauer.

Ich sing ein Lied

Ich sing ein Lied.
Ich sing ein Lied eines Mädchens,
das kein Mädchen mehr ist.
Ich sing ein Lied.
Ich sing das Lied
einer zarten jungen Frau,
die ihre Jugend nicht vergißt.

Sie sieht die Bäume sich wiegen im Wind,
sie sieht das Gras so voll und klar,
sie sieht die Blumen spielen mit dem Sommerwind.
Sie sieht dies alles - als ob nichts geschah.

Sie fühlt der Sonne Wärme auf der Haut.
Sie spürt den Wind in ihrem Haar.
Sie hört das Lachen der Kinder so nah.
Sie erlebt dies alles, als ob nichts geschah.

Ihre Augen finden keine Tränen -
Sie brennen groß in dem kleinen Gesicht.
Doch in ihrer Seele, tief drinnen,
da versiegen die Tränen nicht.

Ich sing ein Lied.
Ich sing das Lied eines Mädchens,
das kein Mädchen mehr ist.
Ich sing ein Lied.
Ich sing das Lied einer zarten jungen Frau,
die ihre Jugend nicht vergißt.

Edeltraud

Hennarotes Haar,
gelockt, verspielt.
Die Augen blau und klar,
durch Gläser nur zu schaun.
Die Hände zaubern
hier und da
die reinsten Wunderdinge
zum Bestaun´.
Den Gang umspielt
ein weiter Rock.
Im Pulli - selbstgestrickt -
verfängt sich dann mein Blick.

Wenn ich dich eine Zeit nicht sah,
denk ich an Dich -
und freu mich auf die schönen Stunden,
die uns so oft verbunden.

Junge Liebe

Zärtlichkeit geht von euch aus.
Sanfte Berührung wie ein Hauch.
Enges Aneinanderschmiegen.
Lippen, die nur fühlen.
Ihr rotes Haar fällt wie ein Schleier
vor die jungen Gesichter.
Ihre Hand greift in sein kräftiges, lockiges Haar,
biegt seinen Kopf ganz nah.
Stillstand der Zeit.
Weit offen der Raum.
Ihr schwebt
und merkt es kaum
in einem Traum.

Kleine Indianerin

Halber Mond? Klare Welle?
Blaue Blume? Heller Stern?
Wie du auch heißen magst - wie immer:
Du warst mir nah und doch so fern.
Dein Antlitz war für mich Begleiter,
Begleiter meiner Mädchenzeit.
Du hast mit mir gelacht,
mit mir geweint.
In dir verborgen meine Träume,
meine Sehnsucht, meine Pein.
Dein wissend Aug sah stumm in mich hinein.
Dein Mund verschloß, was ich dir anvertraute,
in später Stunde in das Ohr dir raunte.
Wie oft sah ich dich an und träumte,
mit dir zu sein und nicht allein.

Auch eins zu sein mit deinem Stamme,
mir dir der Erde nah zu sein.
Mit dir zu teilen Wälder, Wiesen,
die Bäche, Flüsse und die Seen.
Mit dir zu fühlen Wind und Wärme,
die Kälte auch im tiefen Schnee.
Mit dir zu lieben und zu leben,
verbunden selbst im großen Weh.
Wie Schleier fühlen wir Wahrheiten
von Anbeginn bis zu den Ewigkeiten.

Es war ein Traum.
Er wird es bleiben.
Dein Bildnis ist, wie es einst war,
und brennt in mir deutlich und klar.
Nie werden wir den Wigwam teilen.
Nie schauen auf zu Manitou.
Gefangen Du in deinen Zeiten.
Gefangen ich - trotz aller Weiten,
gebunden an das Jetzt und Nun.

Kein Regenbogen wird sich schlagen
von deiner hin zu meiner Welt.
Kein Falter wird hinfort mich tragen
auf leichten Schwingen in dein Zelt.

Und dennoch werde ich dich lieben
und mit dir fühlen, was einst war.
Und ganz im Stillen immer beten,
daß wir erkennen, was geschah.

Das Klagelied der Rebekka

Da geht er hin, mein Sohn,
mein über alles geliebter Jakob.
Nur noch ein Punkt am Horizont.
Jetzt ist er fort.
Ich werfe mich in den Staub,
ich raufe mir die Haare.
Doch er ist fort.
Ich bin allein,
allein mit meinen Erinnerungen,
quälenden Erinnerungen.
Herr, mein Gott, verzeih mir meine Verfehlungen,
verzeih mir meine Sünden.
Lass es Jakob nicht vergelten, was ich tat.
Schütte Deinen Segen über ihm aus.
Mache durch ihn Deine Weissagungen wahr.
Jakob tat nur, was ich wollte.
Mich treffe Dein Fluch,
mich lass sühnen, nicht ihn!
Zwei Söhne gabst Du mir,
ja zwei, nicht einen.
Warum konnte ich nur Jakob lieben
und für Esau Verachtung nur empfinden?
Herr, mein Gott, warum warfst Du mich in diesen Zwiespalt?
Warum senktest Du nicht für beide Liebe in mein Herz?
Du strafst mich mit Hass und Zwietracht in mir selbst.
Jakob ist nun fort, für immer -
und Esau ist mir fremd und fern.
Gebrochen ist mein Herz,
die Freude meines Daseins ist dahin.
Ich werde siechen,
trüb die Augen,
gebeugt von Qual meine Gestalt.
Herr, mein Gott, lass mich vergehen,
beende meine Qual,
nimm mich dahin.

Evas Gedanken

Ich schau mich um:
Erbärmlich die Hütte,
zerschlissen die Kleider,
zerschunden die Haut.
War es wahr
oder doch nur ein Traum?
Das Paradies , der Garten Eden.
An mir soll es liegen -
ich trage die Schuld,
dass wir von dort vertrieben.
Man sagt, ich wäre der Versuchung erlegen,
ich griff zuerst nach dem Baum.
Was für ein Wahnsinn,
welch Täuschung und Trug!
Nichts lag mir ferner.
Zerronnen der Traum.
Ich spielte im Garten
und mied stets die Schlange.
Mich konnte ihr Wispern nicht verführen.
Was war's, was wir taten,
gemeinsam wie alles?
Wenn Schuld, dann trifft sie uns beide -
nicht einen allein.
Gemeinsam die Freuden,
gemeinsam die Leiden.
Nicht trennen und bohren!
Dem Mißtrauen keinen Raum!
Und wenn wir gemeinsam,
gefasst an den Händen,
bestehen den Zwang und Widerstand,
sollten wir dann den Weg nicht finden
zurück zu dem Garten,
zurück zu dem Traum?

4. Israel

Israel und Palästina

Israel und Palästina,
ich wünsche euch eine Mutter,
die liebevoll die Arme um euch breitet,
die eure Ecken, eure Kanten
mit sanften Händen streichelt;
an deren Brust ihr euren Kopf könnt legen;
euer aufgewühltes Herz in ihre Hände geben;
die eure Tränen von der Wange streicht
und zärtlich eure schweren Träume scheucht.
Die Zuflucht ist für alle ihre Kinder,
und die euch deutlich macht:
IHR SEID DOCH ALLE BRÜDER.

Jerusalem

Ich sitze auf den Mauern von Jerusalem.
Der lange Tag geht nun zur Neige,
und hängt doch noch in meinem Haar,
in meinem Kleide.
Die Sonne sinkt hinter die Berge von Jerusalem.
Die Dämmerung steigt aus den Tälern
und macht sich in mir breit.
Die Dämmerung, das Dunkel erfaßt mich ganz,
und Tränen steigen in mir auf.
Ich fühl die Schwermut und die Trauer
der langen Jahre von Jerusalem.

Jerusalem, du kommst mir vor wie eine tiefe Wunde,
und in mir bohrt der Schmerz.
All das, was Menschen sich je taten
ist hier geballt, in deine Steine eingegraben.

Ich sitz noch Stunden auf den Mauern von Jerusalem.
Die Nacht liegt wie ein schwarzes Tuch über der Stadt.
Ich lös mich nicht; ich kann mich nicht erheben.
Ich wache diese lange, schwere Nacht.

Ich hoffe, daß irgendwann mal Menschen deine Mauern
füllen,
die dann die Schmerzen deiner Wunden stillen,
die brechen mit dem alten Bann
und nicht erliegen diesem irren Wahn.

Qumran

W ü s t e
Hier klingt das Wort in mir.
Ich laß es wirken.

W ü s t e
Hier schaut mein Auge das,
was ich nicht sah.

W ü s t e
Steine, Sand, Geröll -
nichts sonst ist da.

Tief in den Fels führt eine Höhle.
Hier suchten sie die Einsamkeit.
Hier suchten sie,
sich selbst zu finden.

Nichts fesselt den Blick.
Nichts lenkt ab.
Hier war die Wüste und sie selbst.

Hier ist die Wüste immer noch,
und ich befinde mich in ihr.
Mein Auge starrt gebannt auf jene dunkle Höhle.

Ich verspür den Wunsch,
mich abzuwenden von dem Weltgeschehen,
zu bleiben in der Höhle mitten in der Wüste.

Ich verspür den Wunsch nach Einsamkeit,
möchte allein sein nur mit mir,
mitten in der Wüste.

Der See Genezareth

Ich steh an deinem Ufer.
Wie lieblich ist der Ort.
Der Regen hat sich nun verzogen
und Sonnenstrahlen brechen durch.

Ich spür in mir das unbändige Verlangen zu laufen,
die Ufer zu durchstreifen,
das weite Wasser zu umrunden.

Bei jedem Schritt würd ich dann denken:
Vielleicht hat Er auch hier gestanden und geschaut.
Vielleicht saß Er auf einem großen Stein
Und ließ seine Gedanken übers Wasser gleiten.

Doch leider ist mir dieses nicht vergönnt.
Ich stecke in den Zwängen meiner Zeit,
kann nicht verweilen,
nicht im Boot mich treiben lassen.

Was bleibt, ist der Gedanke:
Hier war´s!
Hier mehrte sich das Brot, der Fisch.
Hier fandest Du die ersten Deiner Gefährten.
Hier sprachst Du Worte, die noch heute in mir hallen.

Doch weil sich alles weiter dreht
und niemals still steht dieser Erde Lauf,
und weil doch alles kommt und geht:
So lös ich mich, um mehr von diesem Land zu schauen.

Der Garten Getsemani

Ich stehe auf der Erde, auf der Du einst standst.
Und was hat sich geändert?
Was wurde nun aus Deinem Traum?
Dein Kampf, war er umsonst gekämpft?
Die Worte, die Du einst gesprochen:
Sind sie verhallt?
Geändert, abgewandelt, kaum noch zu erkennen?
Ich lausche -
und denk, sie müßten aus den Zweigen der alten
Olivenbäume
wieder zu mir dringen,
so wie Du sie damals gesprochen.
Was gäb ich darum, sie unverfälscht aus Deinem Mund zu
hören.
Was gäb ich darum, hätt man den Garten so gelassen
und ihn nicht zugebaut.
Die ganze Nacht wollt ich hier wachen.

5. Im Orient

Die Moschee

Die Hitze flimmert,
staubig ist der Weg.
Da liegt zur Seite die Moschee
und lädt zur Ruhepause ein.
Wir erklimmen die Stufen zum Portal
und streifen unsere Schuhe ab.
Ein alter Mann mit freundlichem Gesicht
reicht einen Schleier mir,
damit die Tradition nicht bricht.
Ich nehm den Schal aus seiner schwieligen Hand
und lege ihn um meinen Kopf -
er gleitet an mir ab, berührt noch kurz die graue Wand.
Wir treten in das weite Rund
und atmen langersehnte Kühle - Dämmerung.
Nun fühlen unsere nackten Füße den weichen Teppich
unter jedem Schritt.
Der ganze Raum ist ausgelegt mit diesen Wunderwerken,
die fromme Spender andachtsvoll hier hingebreitet.
Wir stehen nun und lassen unsere Blicke schweifen.
Doch keine Bank, kein Stuhl lädt ein zum Ruhn.
Auf buntem Teppich sehen wir die Männer knien
und im Gebet sie ihre Körper neigen.
Ganz hinten, fast verstohlen, lassen wir uns nieder
und hoffen, daß der Geist, der alles eint,
auch uns verbindet und uns alle meint.

Flüchtige Begegnung

Wir treffen uns am Strand.
Unsere Füße laufen über nassen, schweren Sand.
Wir bleiben stehen;
unsere Augen lachen mit demselben Blick.
Wir sehen uns an und wissen beide:
Ja, dich mag ich.

Wir reden miteinander in einer Sprache,
die wir beide unvollständig nur verstehn;
doch reichts dazu, daß wir gemeinsam weitergehn.
Du lädtst mich ein, mit in Dein Sommerhaus am Strand zu gehen.

Lang wandern wir gemeinsam,
redend, schweigend durch den Sand.
Der Wind bläst stark,
zerzaust Dein lockiges Haar,
will meinen Sommerhut verwehn.
Schäumende Gischt sprüht uns in Gesicht.

Kurz darauf sitzen wir im Sommerhaus
und schauen weit aufs Schwarze Meer hinaus.
Oliven, Gurken stehen auf dem Tisch.
Du erhebst Dein Glas mit Cognac grüßend gegen mich.

Noch kurze Zeit.
Lachen, Wortfetzen, träumendes Schweigen.
Dann erheb ich mich.
Es tut mir leid.
Ich muß nun gehen.
Es ist soweit.

Im Orient

Meine hellen Augen
suchen Eure dunklen.
Wo seid ihr, meine Schwestern?

Ich schaue in Fenster,
suche in Gassen,
sitze träumend am Brunnenrand.
Doch meine Blicke finden keinen Grund.
Ich suche das Echo.
Ich fahr über Straßen
und suche am Wege,
ich gehe durch Parks
und stehe am Ufer.
Wo seid Ihr, meine Schwestern?

Ich möchte Euch finden
und mit Euch lachen
und wissende Blicke tauschen.

Ich werde wandern
und weiterhin suchen,
bis meine hellen Augen
Eure dunklen erreichen.

Herstellung und Verlag:
BoD-Books on Demand, Norderstedt
ISBN: 978-3-7322-5491-0